18 Juin 1908

marqué P

Succession de Madame Vve Bruant

TABLEAUX

ANCIENS ET MODERNES

Bronzes - Porcelaines - Objets de Vitrine

BIJOUX — ARGENTERIE

MEUBLES & SIÈGES

anciens et de style

EX [illegible]

CATALOGUE

DES

TABLEAUX

ANCIENS ET MODERNES

Dessins, Aquarelles, Gouaches

par

BRASCASSAT, CASANOVA, CHAPLIN, DEMARNE, DUPLESSIS, DESCOURS, DESPORTES, DROLLING, FRAGONARD (H.), FYT, GAVARNI, GÉRICAULT, HAUDEBOURT-LESCOT, HONDEKOETER, HUYSMANS, LAIRESSE (G. DE), LANTARA, LE PRINCE, LEMOINE, LINGELBACH, LOUTHERBOURG, MIÉRIS, MONNOYER, NATOIRE, NOEL (J.), OMMEGANCK, HUBERT ROBERT, SCHALKEN, SUBLEYRAS, TAUNAY, VALLIN, ETC.

Porcelaines, Faïences, Objets de Vitrine

BRONZES D'AMEUBLEMENT, PENDULES

D'Époque et Style Louis XIV, Louis XV et Louis XVI

BIJOUX

MONTÉS DE BRILLANTS ET PIERRES DE COULEUR

ARGENTERIE

Ancienne et Moderne

Meubles et Sièges anciens et de Style

DONT LA VENTE AUX ENCHÈRES PUBLIQUES

Après décès de Madame Vve B...

AURA LIEU

HOTEL DROUOT, SALLE N° 11

Les Jeudi 18, Vendredi 19 et Samedi 20 Juin 1908

Et SALLE N° 7, le Lundi 22 Juin 1908, à deux heures

COMMISSAIRE-PRISEUR, **Me F. LAIR-DUBREUIL**, 6, rue Favart

EXPERTS

Pour les Tableaux et Objets d'art :

MM. PAULME ET B. LASQUIN FILS

10, rue Chauchat | 12, rue Laffitte

Pour les Bijoux :

M. A. REINACH

17, rue Drouot

EXPOSITION PUBLIQUE

Le Mercredi 17 Juin 1908, de deux heures à six heures

CONDITIONS DE LA VENTE

Elle sera faite *au comptant.*

Les adjudicataires paieront *dix pour cent* en sus des enchères.

L'exposition mettant le public à même de se rendre compte de l'état et de la nature des objets, il ne sera admis aucune réclamation, une fois l'adjudication prononcée.

Paris. — Imp. de l'Art, CH. BERGER, 41, rue de la Victoire.

DÉSIGNATION

BIJOUX

1 — Belle bague, composée d'une émeraude entourée de brillants.

2 — Bague ovale en or, sertie de huit brillants et de deux sur le corps.

3 — Bague-jonc en or, enrichie d'un brillant.

4 — Bague en or, composée d'une perle et de deux brillants.

5 — Bague, composée d'une rose entourée de brillants et roses.

6 — Bague en or, de forme clou, sertie d'un brillant.

7 — Bague-marquise en or émaillé, sertie de brillants.

8 — Bague-marquise en or émaillé, sertie de roses.

9 — Bague en or émaillé, avec perles et roses.

10 — Bague-serpent en or, la tête enrichie de quatre brillants.

11 — Baque-turquoise, entourée de roses.

12 — Bague, composée d'un rubis, de quatre perles, de quatre saphirs et de roses.

13 — Bague-rivière, sertie de sept roses.

14 — Bague en or, formée d'un chaton serti d'une rose.

15 — Bague en or émaillé, sertie d'une rose.

16 — Bague, formée d'un saphir et le corps serti de pierres diverses.

17 — Bague en or, formée d'une pierre rouge sous feuille et de deux brillants.

18 — Bague ovale, sertie de roses.

19 — Bague-rivière, sertie de cinq roses.

20 — Bague-chevalière en or, ornée d'un saphir gravé J.-L. B.

21 — Bague-rivière, ornée de cinq brillants-tables.

22 — Paire de boucles d'oreilles, ornées chacune d'un brillant solitaire.

23 — Paire de boucles d'oreilles en or, serties de deux brillants de forme poire.

24 — Paire de boucles d'oreilles, composées de saphirs entourés de brillants.

25 — Paire de boucles d'oreilles, composées de saphirs clairs entourés de brillants.

26 — Paire de boucles d'oreilles en or, ornées de péridots entourés de roses.

27 — Paire de boucles d'oreilles à pendants en or, ornées de roses.

28 — Paire de boucles d'oreilles en or, enrichies de turquoises et de roses.

29 — Broche longue, de forme marquise, en or émaillé, sertie d'un brillant et de roses.

30 — Broche-applique, formant pendantif en or, enrichie de rubis, perles et roses.

31 — Broche-écusson en or, formant armes, sertie de rubis, émeraudes et brillants-tables.

32 — Médaillon-pendantif en or émaillé, avec roses et perles.

33 — Broche-libellule, sertie de roses et de saphirs.

34 — Bracelet en or émaillé, avec un brillant et roses.

35 — Bracelet en or émaillé noir, enrichi de sept brillants.

36 — Bracelet en or, avec demi-perles.

37 — Médaillon en or, serti de roses.

38 — Épingle en or, composée d'un chaton serti d'une rose et d'un pendant formé par une perle poire.

39 — Épingle de cravate, formée d'une rose-poire entourée de roses.

40 — Épingle de cravate, ornée d'un petit brillant.

41 — Épingle, trèfle en or, sertie de trois roses.

42 — Petite croix, sertie de brillants, de roses et de rubis.

43 — Paire de boutons de manchettes doubles en or, ornés chacun d'un saphir.

44 — Trois boutons de chemise en or, ornés chacun d'un brillant.

45 — Paire de boutons de manchettes en or, enrichis d'un brillant.

46 — Jolie montre ancienne, le cadre serti de brillants.

47 — Montre ancienne, à clef Breguet.

48 — Montre en or à remontoir, cuvette en cuivre.

49 — Montre de dame en or, le fond émaillé, serti de roses.

50 — Dé en or.

51 — Trois chaines en or.

52 — Châtelaine en or.

53-54 — Deux montres d'homme en or guilloché.

55 — Lot important de boucles d'oreilles à pendants en argent, serties de fausses pierres.

56 à 66 — Nombreux bijoux : Cachets, Bagues, Boucles d'oreilles et débris de bijoux.

ARGENTERIE

67 — Légumier rond en argent, de style Louis XV, de la *Maison Aucoc aîné.*

68 — Belle soupière en argent ciselé, avec son plateau de forme Louis XV.

69 — Boite à thé ancienne en argent gravé. Travail hollandais.

70 — Verseuse en argent, époque Louis XVI, manche droit, bois noir.

71 — Autre verseuse plus grande en argent. Époque Louis XVI.

72 — Verseuse à anse en métal argenté. Époque Régence.

73 — Deux couverts en argent doré et deux couteaux, manches également en argent ciselé et doré. Style Renaissance.

74 — Quinze pièces en argent : trois pinces à sucre, quatre cuillères, pince à bonbons, pelle à sel, spatule et pince à fruits, plaque, etc.

75 — Deux timbales anciennes en argent ciselé.

76 — Paire de salières en argent. Louis XV.

77 — Paire de salières rondes à filets et trois pieds-griffes en argent. Louis XVI.

78 — Petit pot à crème couvert, à une anse, en argent. Époque Louis XV.

79 — Petite coupe en verre de couleur gravé, pied en argent; coquetier en argent filigrane et un passe-thé.

80 — Pied de flambeau en argent repoussé.

81 — Paire de sucriers en argent. Époque Empire.

82 — Ménagère en argent.

83 — Paire de petites salières et un moutardier en cristal taillé; monture en argent. Époque Empire.

84 — Deux petites salières à trépied en argent. Époque Empire.

85 — Christ en argent ciselé.

86 — Onze grands couteaux et vingt-trois couteaux à dessert, manches argent guilloché, lame acier.

87 — Douze couteaux à dessert, manches argent.

88 — Service en argent, comprenant : douze grands couverts; dix grands couteaux, manches argent ; douze couteaux à dessert, manches argent; truelle à poisson; cuillère à sucre, à punch et une louche; six cuillères à café.

89 — Cuillère à fraise en argent ciselé et ajouré. Époque Louis XV.

90 — Six cuillères à café en vermeil.

91 — Trois couverts à salade et deux services à découper, manches argent.

92 — Six fourchettes à huitres, manches argent.

93 — Cuillère à sucre en vermeil. Époque Empire.

94 — Corbeille à pain, deux dessous de carafes et un plat ovale en métal argenté.

95 — Couverts en métal.

OBJETS DE VITRINE

MINIATURES — OBJETS VARIÉS

96 — Tabatière rectangulaire en or émaillé, ornée sur le couvercle d'une miniature : Jeune femme et deux enfants. Époque Empire.

97 — Boite ronde et plate en marbre, monture en argent doré.

98 — Boite rectangulaire en porcelaine, genre Saxe.

99 — Deux boites rondes en écaille, poudre d'écaille et or, avec miniatures : Portraits de femmes, sur les couvercles. XVIIIe siècle.

100 — Deux cachets-breloques en cristal taillé et gravé d'armoiries, avec montures en argent et deux flacons en cristal, bouchons argent doré.

101 — Tabatière formée d'un coquillage, avec monture en argent, un porte-plume argent, un face-à-main nacre et deux carnets.

102 — Sept petits médaillons et dessus de boites en émail, anciens et modernes : Portraits et sujets galants.

103 — Deux montres en cuivre ciselé doré. Époques Régence et Louis XV.

104 — Ceinture en cuivre doré et argent filigrane, ornée de turquoises.

105 — Étui en galuchet, avec couverts en argent, manches en nacre. XVIIIe siècle.

106 — Canif à deux lames acier et argent, manche en nacre incrusté d'or. Époque Louis XVI.

107 — Montre en or de couleurs ciselé et émaillé bleu. Époque Louis XVI.

108 — Six pièces en matières dures, cristal de roche, agate, lapis lazuli, etc., dont 3 cachets.

109 — Camée tête de Minerve.

110 — Deux petites plaques en jade ajouré.

111 — Miroir à main en ivoire richement sculpté, style Louis XVI.

112 — Bas-relief en albâtre : Vierge et Enfant et saint Jean-Baptiste.

113 — Petit coffret en fer avec plaques en agate.

114 — Boite ronde en poudre d'écaille violette, avec monture en argent, le dessus orné d'un vase en incrustation d'or et d'argent. Époque Louis XVI.

115 — Grand étui en galuchat, avec ustensiles et monture en argent. Époque Louis XVI.

116 — Éventail avec feuille décorée en camaïeu rose; monture en ivoire ajouré.

117 — Éventail avec feuille peinte à la gouache : chasse aux canards; monture en ivoire. Époque Louis XVI.

118 — Trois lorgnettes en cuivre doré, noir et vernis et une en porcelaine décorée. Époque de la Restauration.

119 — Une boite, un cadre, un dessus de boite en ivoire et un bas-relief ovale en ivoire.

120 — Couronne d'épine en corail.

121 — Trois miniatures encadrées : Sujet mythologique, bal dans un parc et portrait de femme.

122 — Trois miniatures : Portraits et paysages, cadres en argent, marcassite et cailloux du Rhin.

123 — Douze miniatures anciennes et modernes : Portraits d'hommes et de femmes.

124 — Grande miniature : Portrait de la Pompadour assise sur un sofa, tenant un livre ; un chien auprès d'elle.

Haut., 18 cent. 1/2; larg., 13 cent. 1/2.

Cadre en bronze doré avec armoirie.

125 — Miniature ovale : Portrait de jeune femme jouant de la guitare.

Cadre en bois sculpté.

126 — Miniature ovale : Portrait de jeune fille en Flore.

Signée : *Brunard 1845.*
Cadre bronze doré.

127 — Mouchette et son plateau en bronze ciselé doré. Époque de la Restauration.

128 — Écritoire en acajou et bronze doré. Époque Empire.

129 — Plaque rectangulaire en émail et grisaille de Laudin : Saint Antonius.

130 — Râpe à tabac en buis sculpté et armorié. XVIIIe siècle.

131 — Petit miroir rond, reposant sur un pied en cristal et bronze. Époque Empire.

132 — Vase en verre, avec monture en bronze doré, de style Louis XIV.

133 — Six carafes et dix gobelets en verre fondu de Venise.

134 — Christ en ivoire sculpté, dans un cadre en bois sculpté doré, à fond de glace. XVIIe siècle.

135 — Lot de dix cadres à miniatures en bronze et cuivre.

136 — Sept plaques en émail.

137 — Dix pièces : objets divers, bonnet en broderie, plaques en bronze, cadre de miniature en strass, soucoupe en émail, etc.

138 — Sabre oriental avec poignée et fourreau en argent repoussé.

139 — Yatagan avec fourreau en argent ciselé doré.

140 — Lot de dentelles.

141 — Tapis de table en soie verte, avec applications de broderies. XVIIe siècle.

142 — Encrier et saupoudroir, de forme octogonale, en cuivre gravé et argent filigrane, orné de corail.

143 — Paire de petits cache-pot en émail cloisonné du Japon.

144 — Miroir. Style Louis XV.

145 — Suspension de salle à manger en bronze argenté.

PORCELAINES, FAIENCES

146 — Jardinière ovale en ancienne faïence de Strasbourg, décorée de fleurs en couleur.

147 — Cache-pot en ancienne faïence de Rouen, décor bleu.

148 — Six assiettes en faïences diverses, anciennes et modernes.

149 — Deux plats en faïence de Bernard Palissy.

150 — Sous ce numéro, faïences et porcelaines diverses, anciennes et modernes.

151 — Tasse et soucoupe en ancienne porcelaine de Sèvres, pâte tendre décorée de fleurs.

152 — Paire de vases en porcelaine, genre Sèvres, forme antique, à anses, décorés de réserves : Vénus et amours sur fond bleu de roi. Style Louis XVI.

153 — Paire de vases en porcelaine, genre Sèvres, décorés de médaillons : Portraits de femmes sur fond rose; pieds en bronze doré. Style Louis XVI.

154 — Paire de vases, de forme ovoïde, en porcelaine, genre Sèvres, bleu-turquoise et feuillages en relief bleu de roi, décorés de réserves, rehaussés de dorure; monture en bronze doré, de style Louis XVI.

Haut., 44 cent.

155 — Trois tasses et soucoupes en porcelaine de Saxe, à décor de fleurs, dont une dépareillée en Niederviller décorée d'oiseaux.

156 — Deux tasses et soucoupes en ancienne porcelaine de Saxe, décor de guirlandes de feuillages.

157 — Trois pots à crème et un arrosoir en porcelaine de Saxe, à décor de fleurs.

158 — Deux statuettes en ancienne porcelaine de Saxe : Nègre et personnage de la Comédie italienne.

159 — Statuette en ancienne porcelaine de Saxe : Joueuse de vielle.

160 — Statuette de jardinier et une biche en porcelaine de Saxe.

161 — Paire de cache-pot en ancienne porcelaine allemande, décorés de bouquets de fleurs en couleur.

162 — Pichet, cache-pot, tasse, soucoupe, paire de corbeilles et assiette en porcelaine de Paris.

163 — Paire de vases ovoïdes en porcelaine genre Sèvres, décorés de réserves sur fond bleu-turquoise.

164 — Paire de plaques rondes en biscuit bleu et corbeilles de fleurs en relief et en blanc.

165 — Paire de vases-balustres avec couvercles en porcelaine de Chine, décorés de pommiers fleuris en blanc sur bleu.

166 — Paire de potiches couvertes en porcelaine de Chine, décorées en émaux de couleur.

Haut., 42 cent.

167 — Paire de grandes bouteilles en céladon flambé de la Chine couleur lilas, montées en lampes en bronze doré, de style Louis XVI.

168 — Six assiettes et compotiers en ancienne porcelaine du Japon et de la Chine.

169 — Trois tasses avec leurs soucoupes, six soucoupes et porte-pinceaux en porcelaine de la Compagnie des Indes, de la Chine et du Japon.

BRONZES D'AMEUBLEMENT

PENDULES

VASES EN MARBRE

170 — Pendule-religieuse en bois noir et bronze. Époque Louis XIV.

171 — Pendule-religieuse d'applique, avec son socle-support en marqueterie d'écaille rouge, cuivre et étain, ornée de bronzes. Époque Louis XIV.

172 — Grande pendule-applique Louis XIV, avec son socle-support en marqueterie de cuivre et écaille, ornée de bronzes dorés. Surmontée d'une figure de Minerve.

Haut., 1 m. 40 cent. environ.

173 — Pendule-applique, avec son socle-support en marqueterie d'écaille et cuivre, ornée de bronzes. Époque Louis XIV. Cadran signé : *Noël Balthazard*.

Haut., 1 m. 10 cent. environ.

174 — Importante pendule en bronze ciselé doré, de style Louis XVI : le Char renversé.

Haut., 65 cent.; larg., 53 cent.

175 — Garniture de cheminée en bronze doré, de style Louis XVI, composée d'une pendule et de deux candélabres à trois lumières. Cadran signé : *Ogeron, à Paris.*

Hauteur de la pendule : 60 cent.
Hauteur des candélabres : 46 cent.

176 — Paire d'importants candélabres à sept lumières en bronze ciselé, doré et patiné, formés chacun d'une statuette de femme supportant une corne d'abondance, d'où s'échappe un bouquet de branchages porte-lumière ; socle rond en marbre rouge, avec frise de feuillages en bronze ciselé doré. Style Louis XVI.

Hauteur totale : 1 m. 45 cent.

177 — Importante pendule, de style Louis XVI, en bronze doré. Sujet : Offrande à l'Amour. Cadran signé : *D.-F. Dubois, à Paris.*

Haut., 60 cent.; larg., 55 cent.

178 — Pendule en bronze, formée d'un très grand cadran supporté par deux figures d'hommes agenouillés, reposant sur un socle en marbre blanc, orné d'un rang de perles et d'une frise centrale, à amours musiciens sur des nuages. Cadran marquant les secondes, les jours et signé : *Philipp Perthauer.*

Haut., 80 cent.

179 — Pendule en bronze doré, de style Louis XVI. Modèle : Allégorie de la Science ; base à frise d'entrelacs, contre-socle en marbre blanc. Cadran signé : *Balthazard, à Paris.*

Haut., 48 cent. ; larg., 36 cent.

180 — Petite pendule, de style Louis XVI, en bronze doré, en forme de temple, à cadran tournant.

181 — Pendule en bronze doré, de style Louis XVI, modèle formé d'une jeune femme tendant une coupe à un enfant bacchant qui est sur les nuages et presse une grappe de raisins ; base en marbre blanc, ornée d'une frise à jeux d'amours en bronze doré. Cadran signé : *Balthazard, à Paris.*

Haut., 50 cent. ; larg., 45 cent.

182 — Paire de candélabres en bronze doré, à six lumières, modèle à figures d'amours supportant un branchage de lis ; base ovale. Style Louis XVI.

Haut., 68 cent.

183 — Autre paire de candélabres à six lumières, formés chacun d'un vase ovoïde en marbre blanc, avec anses à serpents entrelacés supportant bouquet de fleurs de lis en bronze doré. Style Louis XVI.

Haut., 1 m. 5 cent.

184 — Paire de petits flambeaux en bronze argenté, à deux lumières. Époque Louis XV.

185 — Paire de flambeaux en bronze argenté. Époque Louis XV.

186 — Bougeoir en bronze doré, de style Louis XVI.

187 — Paire de flambeaux en bronze ciselé doré et patiné, de style Louis XVI. Modèle aux trois dauphins.

188 — Paire d'écritoires en bronze finement ciselé et doré, de style Louis XVI.

189 — Paire de flambeaux en bronze ciselé et doré, style transition Louis XV-Louis XVI. Modèle à amours, spirales et feuille d'acanthe.

190 — Paire de candélabres en bronze, de style Louis XVI, à trois lumières. Modèle à figure de jeune femme supportant une corbeille d'où s'échappent des branchages porte-lumières.

Haut., 57 cent.

191 — Paire de flambeaux forme fût. Style Louis XVI.

192 — Petit flambeau en marbre blanc, partie supérieure et base en bronze doré. Style Louis XVI.

193 — Paire de flambeaux en bronze ciselé doré. Modèle à pied gaine. Style Louis XVI.

194 — Paire de candélabres en bronze doré à trois lumières, formés chacun d'une statuette de jeune femme supportant une corbeille de fruits et fleurs avec branchages porte-lumière; base ovale en marbre blanc. Style Louis XVI.

Haut., 88 cent.

195 — Statue de femme en bronze patiné.

Haut., 1 m. 50 cent.

196 — Paire de cadres ronds en bronze doré.

197 — Paire de vases ovoïdes à piédouche avec couvercles en granit, avec monture en bronze ciselé doré, de style Louis XVI.

Haut., 68 cent.

198 — Vase en forme d'urne en marbre de Sienne.

199 — Paire de vases en porphyre rouge, de forme Médicis, avec monture en bronze doré, de style Louis XVI.

Haut., 35 cent.

200 — Paire de petits vases en marbre vert, boutons des couvercles en bronze doré.

201 — Paire de petits socles en granit et paire de vases en porphyre, forme Médicis.

202 — Paire de colonnes-supports en porphyre et chapiteaux en bois sculpté.

Haut., 1 m. 40 cent.

203 — Paire de vases ovoïdes en marbre-griotte, avec monture en bronze ciselé doré, de style Louis XVI.

204 — Coupe en granit, avec couvercle et plateau, bouton du couvercle en bronze.

TABLEAUX

DESSINS, AQUARELLES, GOUACHES

BERRÉ (J.)

205 — *Moutons et vaches au pâturage, gardés par un berger.*

Signé et daté : *1826.*

Panneau. Haut., 32 cent.; larg., 40 cent.

BOTH (Attribué à)

206 — *Animaux à l'abreuvoir.*

Toile. Haut., 1 mètre; larg., 82 cent.

BOUCHER (D'après)

207 — *Vénus et l'Amour endormis.*

Toile. Haut., 78 cent.; larg., 96 cent.

BRASCASSAT

208 — *Étude de Bélier.*

Toile. Haut., 33 cent.; larg., 26 cent.

BRASCASSAT

209 — *Taureau au pâturage.*

Signé et daté : *1833.*

Toile. Haut., 73 cent.; larg., 92 cent.

BURGH (Van der)

210 — *Vue de ville en Hollande.*

Panneau. Haut., 47 cent.; larg., 61 cent.

CASANOVA

211 — *Cavalier.*

Cadre Louis XIV, en bois sculpté.

Panneau. Haut., 11 cent.; larg., 9 cent.

CASANOVA

212 — *Bergère à cheval, conduisant son troupeau.*

Toile. Haut., 28 cent.; larg., 45 cent.

CASANOVA (Attribué à)

213 — *Épisode de bataille.*

Toile. Haut., 34 cent.; larg., 41 cent.

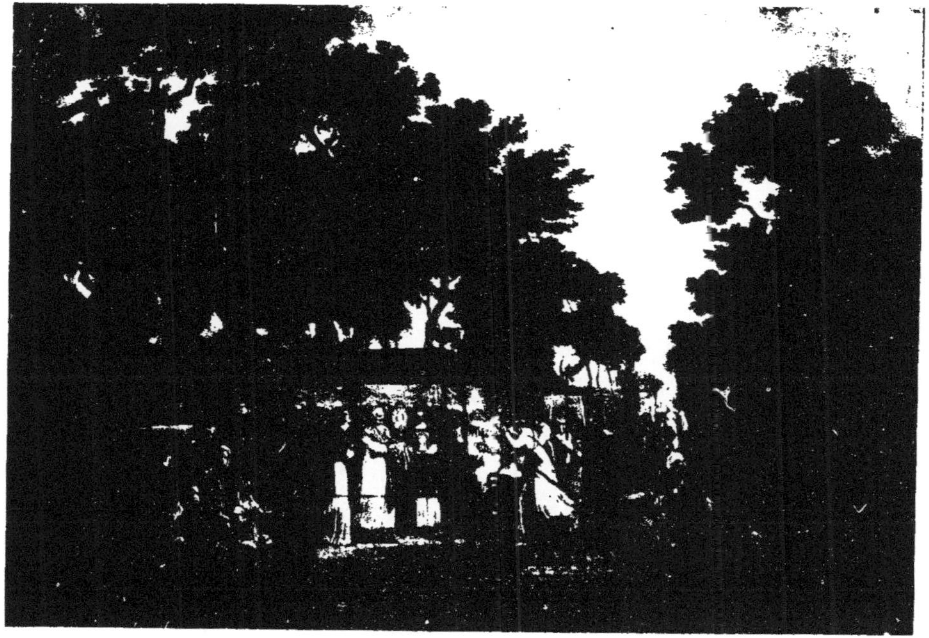

980

CHAPLIN

(DEUX PENDANTS)

214 — *Femme lisant. — Jeune Femme tenant une cage.*

Toiles signées.

Haut., 32 cent.; larg., 24 cent.

COLLET (V.)

215 — *Femme et enfant se baignant dans une rivière.*

Aquarelle signée.

DECŒUR (Henri)

216 — *Sujet familier.*

Panneau. Haut., 66 cent.; larg., 56 cent.

DEMARNE

217 — *Paysage avec troupeau, berger et bergère.*

Toile. Haut., 31 cent.; larg., 40 cent.

DEMARNE

218 — *L'Abreuvoir du Calvaire.*

Personnages et animaux.

Toile signée.

Haut., 38 cent.; larg., 45 cent.

DEMARNE

219 — *Le Maréchal-ferrant romain.*

Panneau. Haut., 32 cent.; larg., 40 cent.

DEMARNE

220 — *La Fête-Dieu.*

Œuvre importante.

Panneau. Haut., 47 cent.; larg., 68 cent.

DESCOURS

221 — *Nature morte : Dinde, tête de veau et chien.*

Toile signée et datée : *1768.*

Haut., 90 cent.; larg., 72 cent.

DESPORTES

222 — *Gibier mort, fond de paysage.*

Toile. Haut., 48 cent.; larg., 57 cent.

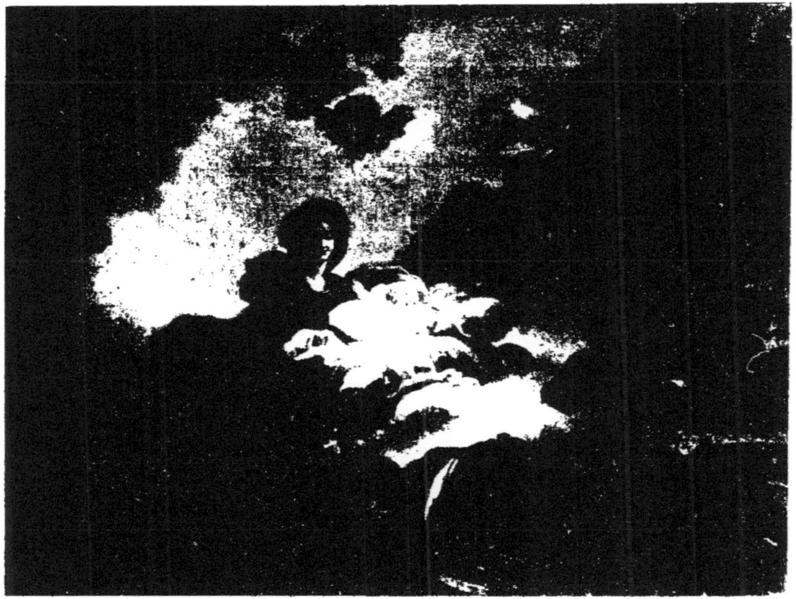

4.400

DOW (D'après Gérard)

223 — *Le Déjeuner.*

Peinture sur porcelaine.

Haut., 27 cent.; larg., 22 cent.

DROLLING

224 — *Le Pont de pierres.*

Signé et daté : *1796.*

Panneau. Haut., 23 cent.; larg., 32 cent.

DROLLING

225 — *Cour de ferme, personnages et animaux.*

Panneau. Signé.

Haut., 81 cent.; larg., 24 cent.

DROUAIS (Attribué à)

226 — *Portrait d'Enfant assis sur un tertre, près d'un agneau, dans un parc.*

Toile. Haut., 85 cent.; larg., 68 cent.

DUPLESSIS

227 — *Convoi d'artillerie.*

Panneau. Haut., 17 cent.; larg., 34 cent.

DUPLESSIS

228 — *Halte de cavaliers.*

Toile. Haut., 23 cent.; larg., 31 cent.

FRAGONARD (Honoré)

229 — *L'Adoration des bergers.*

Toile. Haut., 73 cent.; larg., 95 cent.

Importante composition.

FYT

230 — *Gibier mort et accessoires de chasse sur une console en pierre.*

Toile. Haut., 56 cent.; larg., 46 cent.

GAVARNI

231 — *Scène humoristique.*

Aquarelle signée.

GÉRARD (Attribué au Baron)

232 — *Portrait de Femme, mi-corps, dans un parc.*

Toile. Haut., 1 m. 35 cent.; larg., 1 m. 13 cent.

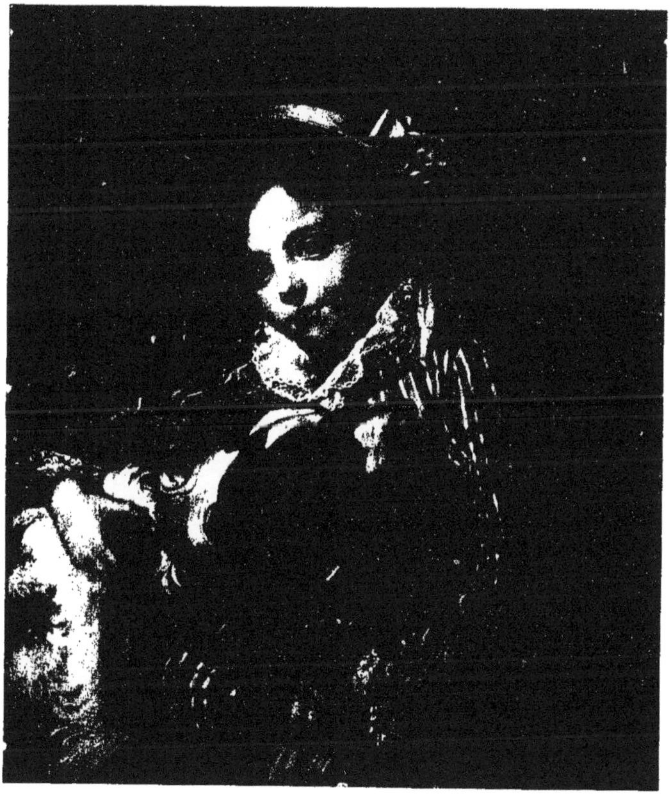

N° 234

1850

GÉRICAULT

233 — *Char romain. — Amphithéâtre.*

Deux études peintes sous verre.

GREUZE (Attribué à)

234 — *Portrait présumé du duc de Choiseul enfant, avec son chien.*

Toile. Haut., 64 cent.; larg., 53 cent.

Cadre Louis XVI.

GREUZE (École de)

235 — *Portrait d'Enfant jouant avec un chien.*

Toile. Haut., 60 cent.; larg., 54 cent.

HAUDEBOURT-LESCOT

236 — *La Coquette.*

Toile signée.

Haut., 71 cent.; larg., 59 cent.

HAUSSY (A. D')

237 — *La Tonte des moutons.*

Toile signée.

Haut., 88 cent.; larg., 1 m. 60 cent.

HESSE

238 — *Portrait de Femme.*

Ovale, sépia.

Haut., 18 cent.; larg., 14 cent.

HONDEKŒTER

239 — *Poules, coq, volatiles dans un paysage.*

Toile. Haut., 87 cent.; larg., 75 cent.

HUYSMANS (P.-J.)

240 — *Paysage avec figures.*

Toile signée.

Haut., 53 cent.; larg., 70 cent.

INCONNU

241 — *La Lecture.*

Toile. Haut., 23 cent.; larg., 18 cent.

JOOSTING (Daniel)

242 — *Vase de fleurs sur une console en marbre.*

Toile signée et datée : *1818.*

Haut., 65 cent.; larg., 80 cent.

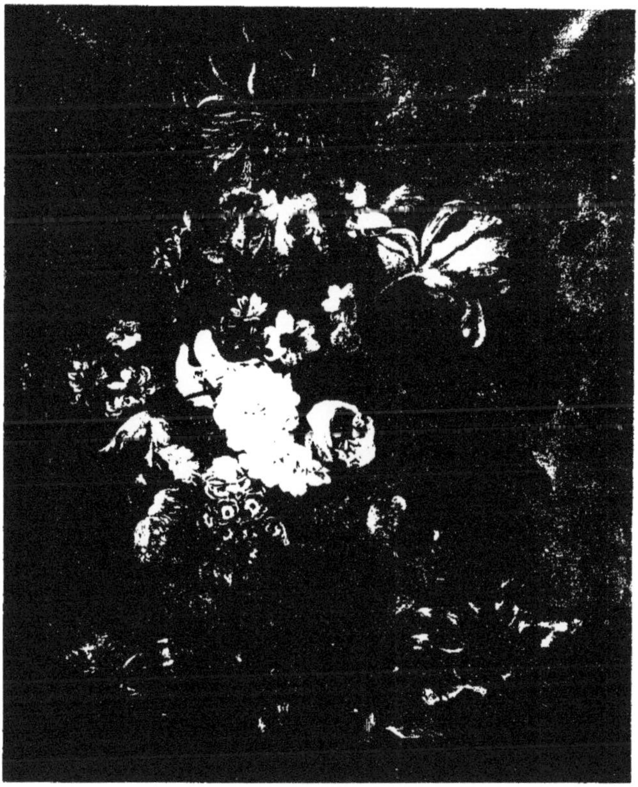

N° 242

300

J. R. (1630)

243 — *Intérieur de cabaret.*

Toile. Haut., 42 cent.; larg., 64 cent.

LAÏRESSE (Gérard de)

244 — *Suzanne et les Vieillards.*

Toile. Haut., 48 cent.; larg., 36 cent.

LALLEMAND

245 — *Fête de Village.*

Panneau. Haut., 32 cent.; larg., 40 cent.

LANTARA

246 — *Paysage avec ruines et personnages.*

Toile. Haut., 32 cent.; larg., 41 cent.

LAURENT (F.-N.)

247 — *Raisins et tomates.*

Toile. Haut., 59 cent.; larg., 72 cent.

LEFÈVRE (Ad.)

248 — *Danaë.*

Panneau. Haut., 36 cent.; larg., 45 cent.

LEMOINE (Marie-Victoire)

249 — *Sujet galant.*

Toile signée et datée : *1793.*

Haut., 93 cent.; larg., 72 cent.

LEPRINCE

250 — *Concert turc.*

Toile. Haut., 41 cent.; larg., 34 cent.

LERICHE

251 — *Corbeille de fleurs et cassolette dans un parc.*

Toile signée et datée : *1826.*

Haut., 1 m. 10 cent.; larg., 1 m. 40 cent.

LINGELBACH

252 — *Quai d'un port.*

Toile. Haut., 64 cent.; larg., 52 cent.

Cadre en bois sculpté Louis XIV.

LOUTHERBOURG

253 — *Femme montée sur un âne et troupeau gardé par un berger près d'une mare.*

Toile. Haut., 45 cent.; larg., 57 cent.

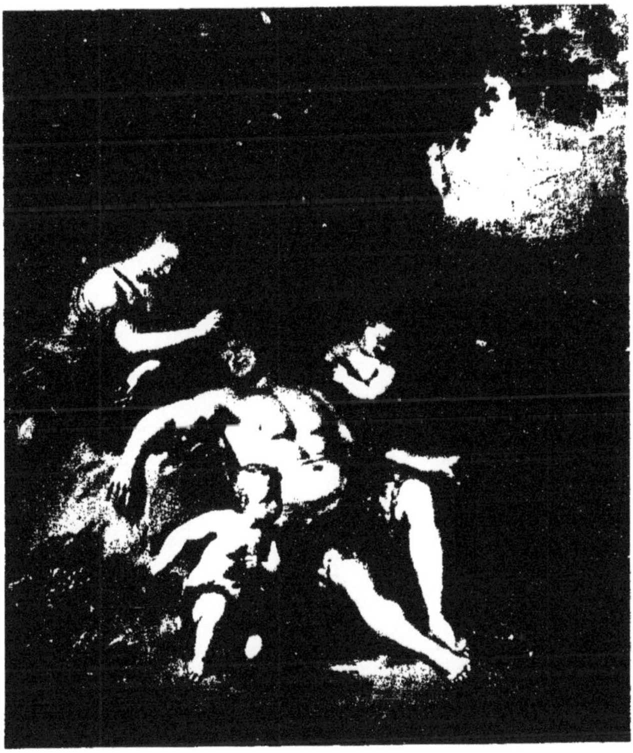

N° 259

1550

LOUTHERBOURG

254 — *Berger, bergère et troupeau.*

Toile. Haut., 29 cent.; larg., 46 cent.

L. B.

255 — *Paysage avec animaux au repos, berger et bergère.*

Panneau. Haut., 15 cent.; larg., 19 cent.

MARIN

256 — *Les Plaisirs de l'éducation.*

Gravure ancienne, imprimée en couleur.

MEULEN (Attribué à Van der)

257 — *Bataille.*

Toile. Haut., 51 cent.; larg., 60 cent.

MEULEN (Attribué à Van der)

258 — *Bataille : Défense d'un camp.*

Toile. Haut., 60 cent.; larg., 83 cent.

MIÉRIS (Guillaume)

259 — *Silène.*

Panneau signé et daté : *1710.*

Haut., 41 cent. ; larg., 34 cent.

MIÉRIS (Guillaume)

260 — *Sujet allégorique.*

Important tableau du maître.

Toile. Haut., 1 mètre ; larg., 83 cent.

MONNOYER (Baptiste)

261 — *Vase de fleurs.*

Toile. Haut., 76 cent. ; larg., 62 cent.

NATOIRE

262 — *Sujet mythologique.*

Toile. Haut., 36 cent. ; larg., 45 cent.

NIVOIN

263 — *Paysage avec rivière ; effet du soir.*

Panneau signé.

Haut., 21 cent. ; larg., 36 cent.

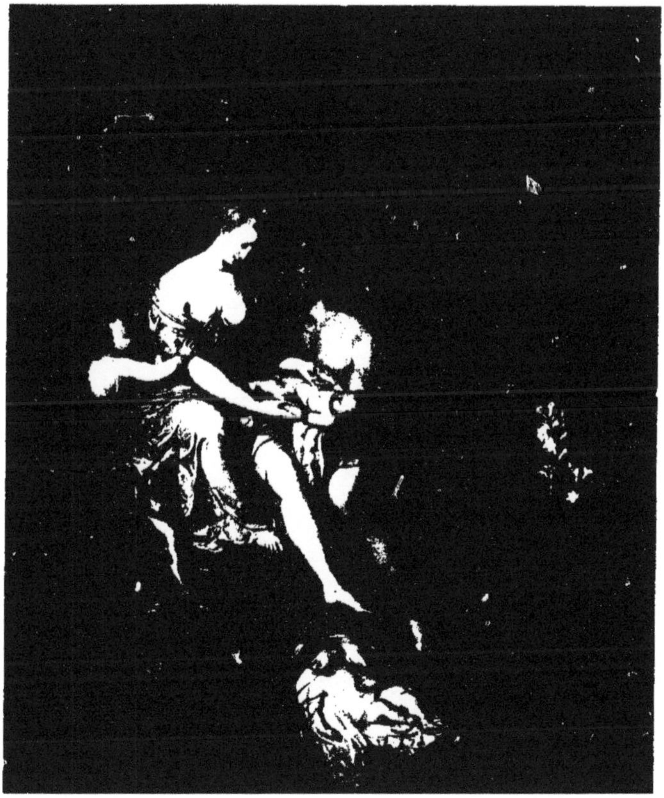

N° 260

NOËL (Jules)

264 — *Cour de ferme.*

Toile signée.

Haut., 39 cent.; larg., 54 cent.

OMMEGANCK

265 — *Troupeau de moutons et chèvres.*

Panneau. Signé et daté : *1804*

Haut., 49 cent.; larg., 65 cent

PRUD'HON (École de)

266 — *L'Amour et Psyché.*

Toile. Haut., 72 cent.; larg., 60 cent.

ROBERT (Hubert)

267 — *Adoration des bergers.*

Toile. Haut., 37 cent.; larg., 46 cent.

ROBINEAU (1826)

(deux pendants)

268 — *Paysages d'Italie avec troupeaux.*

Toiles. Haut., 68 cent.; larg., 87 cent.

SCHALCKEN

269 — *Portrait de Femme en Flore.*

Toile. Haut., 49 cent.; larg., 39 cent.

SCHLÉSINGER

270 — *Portrait de Femme en Flore.*

Toile. Signée et datée : *1846.*

Haut., 64 cent.; larg., 54 cent.

SUBLEYRAS

271 — *L'Ermite.*

Toile. Haut., 34 cent.; larg., 27 cent.

TASSAERT (Attribué à)

272 — *La Misère.*

Toile. Haut., 54 cent.; larg., 45 cent.

TAUNAY

273 — *Les Bergers chez l'Ermite.*

Toile. Signée.

Haut., 65 cent.; larg., 81 cent.

TOURNIÈRES (Attribué à)

274 — *Portrait de Jeune Femme.*

Toile. Haut., 80 cent ; larg., 64 cent.

VALLIN

275 — *Nymphes au bain.*

Toile. Haut., 50 cent.; larg., 64 cent.

VERNET (Attribué à J.)

276 — *Marine par gros temps.*

Toile. Haut., 1 m. 3 cent.; larg., 1 m. 45 cent.

Cadre en bois sculpté.

VINCI (D'après Léonard de)

277 — *Joconde.*

Toile. Haut., 72 cent.; larg., 52 cent.

Cadre en bois sculpté.

WATTEAU (D'après)

278 — *La Comédie italienne. — Le Concert.*

Deux toiles faisant pendants.

Toile. Haut., 87 cent.; larg., 1 m. 58 cent.

ÉCOLE ALLEMANDE (XVIe siècle)

279 — *Sujet pastoral.*

Panneau. Haut., 44 cent.; larg., 32 cent.

ÉCOLE ANGLAISE

280 — *Jeune Femme flagellant l'Amour.*

Toile. Haut., 1 m. 12 cent.; larg., 1 m. 42 cent.

ÉCOLE ESPAGNOLE

281 — *Femme en prière.*

Cuivre. Haut., 17 cent.; larg., 12 cent.

Cadre en bois doré.

ÉCOLE FLAMANDE (XVIIe siècle)

282 — *L'Adoration des bergers.*

Panneau. Haut., 20 cent.; larg., 27 cent.

ÉCOLE FLAMANDE

283 — *Sainte Catherine.*

Panneau. Haut., 26 cent.; larg., 20 cent.

ÉCOLE FLAMANDE

284 — *La Vérité.*

Panneau. Haut., 1 m. 5 cent.; larg., 74 cent.

ÉCOLE FLAMANDE

285 — *Saint Jean-Baptiste.*

Toile. Haut., 68 cent.; larg., 61 cent.

ÉCOLE FLAMANDE

286 — *Halte de chasse devant un château.*

Panneau. Haut., 17 cent.; larg., 14 cent.

ÉCOLE FRANÇAISE (XVIIe siècle)

287 — *Portrait d'Homme.*

Toile. Haut., 70 cent.; larg., 56 cent.

ÉCOLE FRANÇAISE (XVIIe siècle)

288 — *Femme dessinant.*

Gouache.

ÉCOLE FRANÇAISE (XVIIIe siècle)

289 — *Canards et oiseaux au bord d'un étang.*

Toile. Haut., 66 cent.; larg., 83 cent.

ÉCOLE FRANÇAISE (XVIIIe siècle)

290 — *Vase de fleurs et fruits sur une table.*

Toile. Haut., 71 cent.; larg., 57 cent.

ÉCOLE FRANÇAISE (XVIIIe siècle)

291 — *Chien gardant du gibier mort.*

Toile. Haut., 96 cent.; larg., 73 cent.

ÉCOLE FRANÇAISE (XVIIIe siècle)

292 — *Gibier mort.*

Toile. Haut., 1 m. 17 cent.; larg., 87 cent.

ÉCOLE FRANÇAISE (XVIIIe siècle)

(DEUX PENDANTS)

293 — *Sujets allégoriques.*

Bas-relief en grisaille.
Dessus de porte.

Toiles. Haut., 72 cent.; larg., 88 cent.

ÉCOLE FRANÇAISE (XVIIIe siècle)

294 — *La Moisson.*

Baguette ancienne, Louis XIV.

Toile. Haut., 80 cent.; larg., 98 cent.

ÉCOLE FRANÇAISE (XVIIIe siècle)

295 — *Portrait de Jeune Fille.*

Ruban bleu dans les cheveux.

Panneau. Haut., 44 cent.; larg., 37 cent.

ÉCOLE FRANÇAISE (XVIIIe siècle)

296 — *Vierge.*

Toile ovale. Haut., 55 cent.; larg., 46 cent.

Cadre Louis XIV en bois sculpté.

ÉCOLE FRANÇAISE (XVIIIe siècle)

297 — *Vierge et enfant.*

Toile. Haut., 39 cent.; larg., 31 cent.

ÉCOLE FRANÇAISE (XVIIIe siècle)

298 — *Portrait d'Enfant.*

Coiffé d'un tricorne.

Toile. Haut., 45 cent.; larg., 37 cent.

ÉCOLE FRANÇAISE (XVIIIe siècle)

299 — *Coq.*

Toile. Haut., 56 cent.; larg., 45 cent.

ÉCOLE FRANÇAISE (XVIIIe siècle)

300 — *Grive et lapin morts.*

Toile. Haut., 47 cent.; larg., 54 cent.

ÉCOLE FRANÇAISE (XVIIIe siècle)

301 — *Judith et Holopherne.*

Toile. Haut., 52 cent.; larg., 68 cent.

ÉCOLE FRANÇAISE (XVIIIe siècle)

302 — *Paysage avec rivière et chute d'eau.*

Toile. Haut., 62 cent.; larg., 47 cent.

ÉCOLE FRANÇAISE (XVIIIe siècle)

303 — *Sujet allégorique.*

Toile. Haut., 65 cent.; larg., 84 cent.

Cadre en bois sculpté.

ÉCOLE FRANÇAISE (XVIIIe siècle)

304 — *Léda.*

Toile. Haut., 46 cent.; larg., 38 cent.

ÉCOLE FRANÇAISE (XVIIIe siècle)

305 — *Jeune Fille lisant.*

Toile ovale. Haut., 45 cent.; larg., 38 cent.

ÉCOLE FRANÇAISE (XVIIIe siècle)

306 — *Portrait de Femme en vestale.*

Toile. Haut., 81 cent.; larg., 64 cent.

ÉCOLE FRANÇAISE (XVIIIe siècle)

307 — *Le Sommeil de Vénus.*

Toile décorative. Haut., 64 cent.; larg., 90 cent.

ÉCOLE FRANÇAISE (XVIIIe siècle)

308 — *L'Optique.*

Composition décorative, allégorique.

Haut., 1 m. 45 cent.; larg., 1 m. 15 cent.

ÉCOLE FRANÇAISE (XVIIIe siècle)

309 — *Chien et gibier.*

Grande toile décorative.

Haut., 1 m. 17 cent.; larg., 1 m. 68 cent.

ÉCOLE FRANÇAISE (XVIIIe siècle)

310 — *Cuisinière endormie.*

Toile. Haut., 77 cent.; larg., 56 cent.

ÉCOLE FRANÇAISE (XVIIIe siècle)

311 — *L'Étude.*

Toile. Haut., 81 cent.; larg., 63 cent.

ÉCOLE FRANÇAISE (XVIIIe siècle)

312 — *Portrait de Femme tenant une rose.*

Toile. Haut., 91 cent.; larg., 72 cent

ÉCOLE FRANÇAISE (XVIIIe siècle)

313 — *Sujet allégorique.*

Toile. Haut., 40 cent.; larg., 32 cent.

ÉCOLE FRANÇAISE (XVIIIe siècle)

314 — *La Musique.*

Peinture décorative, en grisaille.

Toile. Haut., 92 cent.; larg., 84 cent.

ÉCOLE FRANÇAISE

(DEUX PENDANTS)

315 — *Sujets allégoriques.*

Toiles décoratives.

Haut., 88 cent.; larg., 1 m. 8 cent.

ÉCOLE FRANÇAISE

316 — *Louis XIII, jeune.*

Toile. Haut., 40 cent.; larg., 32 cent.

ÉCOLE FRANÇAISE

317 — *Portrait de Femme en vestale.*

Miniature gouachée.
Cadre ancien en bois sculpté.

ÉCOLE FRANÇAISE

318 — Trois très petites peintures : deux portraits d'enfants et un paysage maritime.

ÉCOLE HOLLANDAISE (XVIIe siècle)

319 — *Vase de fleurs dans une niche.*

Toile. Haut., 77 cent.; larg., 63 cent.

ÉCOLE HOLLANDAISE (XVIIe siècle)

320 — *Portrait de Jeune Fille assise avec son chien.*

Toile. Haut., 81 cent.; larg., 65 cent.

ÉCOLE HOLLANDAISE (XVIIe siècle)

321 — *Portrait de Femme en robe décolletée.*

Toile. Haut., 78 cent.; larg., 60 cent.

ÉCOLE HOLLANDAISE (XVIIe siècle)

322 — *Marine.*

Panneau. Haut., 24 cent.; larg., 35 cent.

ÉCOLE HOLLANDAISE (XVIIIe siècle)

(DEUX PENDANTS)

323 — *Sujets galants.*

Panneaux ovales. Haut., 13 cent.; larg. 16 cent.

ÉCOLE HOLLANDAISE

324 — *Vase de fleurs.*

Toile. Haut., 66 cent.; larg., 54 cent.

ÉCOLE HOLLANDAISE

325 — *Vase de fleurs et amours.*

Toile. Haut., 83 cent.; larg., 68 cent.

ÉCOLE HOLLANDAISE

326 — *Portrait de Femme, coiffée d'un bonnet.*

Toile. Haut., 82 cent.; larg., 65 cent.

ÉCOLE HOLLANDAISE

327 — *Paon et oiseaux divers.*

Toile. Haut., 32 cent.; larg., 40 cent.

ÉCOLE HOLLANDAISE

(DEUX PENDANTS)

328 — *Bouquets de fleurs*

Panneaux. Haut., 60 cent.; larg., 77 cent.

ÉCOLE HOLLANDAISE

329 — *La Plaine de Haarlem.*

Panneau. Haut., 56 cent.; larg., 78 cent.

ÉCOLE HOLLANDAISE

330 — *Paysage boisé avec villageois sur un âne.*

Toile. Haut., 72 cent.; larg., 63 cent.

ÉCOLE HOLLANDAISE

331 — *Portrait de Femme.*

En costume décolleté, orné de perles.

Toile. Haut., 68 cent.; larg., 59 cent.

ÉCOLE HOLLANDAISE

332 — *Poule et coq dans un paysage.*

Toile. Haut., 1 m. 13 cent.; larg., 89 cent.

ÉCOLE HOLLANDAISE

333 — *Nature morte : Fruits, raisins, citrons.*

Panneau. Haut., 55 cent.; larg., 39 cent.

Cadre ancien en bois sculpté.

ÉCOLE ITALIENNE (XVIe siècle)

334 — *Vierge et donataire.*

Panneau. Haut., 57 cent.; larg., 40 cent.

ÉCOLE ITALIENNE (XVIe siècle)

335 — *La Toilette de Vénus.*

Toile. Haut., 61 cent.; larg., 67 cent.

ÉCOLE ITALIENNE

336 — *Portrait de Femme.*

Toile. Haut., 50 cent.; larg., 40 cent.

ÉCOLE ITALIENNE

337 — *Sainte Famille.*

Panneau. Haut., 60 cent.; larg., 44 cent.

Cadre en bois sculpté.

ÉCOLE ITALIENNE

338 — *Vierge en extase.*

Toile. Haut., 29 cent.; larg., 22 cent.

Cadre en bois sculpté.

ÉCOLE ITALIENNE

339 — *Vierge et Enfant Jésus.*

Toile ovale. Haut., 86 cent.; larg., 68 cent.

ÉCOLE ITALIENNE

(DEUX PENDANTS)

340 — *Scènes et Comédie dans un parc.*

Toile. Haut., 61 cent.; larg., 92 cent.

ÉCOLE ITALIENNE

341 — *Sujet religieux.*

Toile. Haut., 85 cent.; larg., 70 cent.

Cadre en bois sculpté.

ÉCOLE ITALIENNE

342 — *Vue d'une Villa italienne aux environs de Rome.*

Toile. Haut., 80 cent.; larg., 65 cent.

Cadre en bois sculpté.

ÉCOLE ITALIENNE

343 — *Vierge et Enfant Jésus.*

Panneau. Haut., 22 cent.; larg., 18 cent.

Cadre ancien en bois sculpté.

ÉCOLE MODERNE

344 — *Taureau.*

Carton. Haut., 30 cent.; larg., 40 cent.

ÉCOLE MODERNE

345 — *Taureau près d'un petit bois.*

Toile. Haut., 46 cent.; larg., 78 cent.

ÉCOLE MODERNE

346 — *Portrait de Jeune Femme, le sein découvert.*

Pastel. Haut., 80 cent.; larg., 64 cent.

ÉCOLE MODERNE

347 — *Paysage accidenté.*

Toile. Haut., 57 cent.; larg., 72 cent.

ÉCOLE MODERNE

348 — *Taureau.*

Étude sur carton.

ÉCOLE VÉNITIENNE

349 — *Composition allégorique pour plafond.*

Toile. Haut., 49 cent.; larg., 37 cent.

350 — Sous ce numéro, Tableaux, Dessins, Aquarelles, Gravures, Cadres, etc., non catalogués.

MEUBLES & SIÈGES

351 — Commode en bois noir et marqueterie de cuivre, à trois rangs de tiroirs. Époque Louis XIV.

352 — Autre commode en bois noir et marqueterie de cuivre, à quatre rangs de tiroirs. Époque Louis XIV.

353 — Petite commode en marqueterie de bois de rose et violette, à trois rangs de tiroirs, ornés de bronzes. Dessus de marbre gris. Époque Régence.

354 — Petite commode en marqueterie de bois de rose et violette, à deux tiroirs. Dessus de marbre de couleur. Époque Louis XV.

355 — Petite encoignure en marqueterie de bois de violette. Dessus de marbre de couleur. Époque Louis XV.

356 — Bureau dos d'âne en marqueterie de bois de violette. Époque Louis XV.

357 — Table tric-trac en acajou et filets de cuivre. Époque Louis XVI.

358 — Petit lit en bois sculpté laqué blanc. Époque Louis XVI.

359 — Chiffonnier-secrétaire, à sept tiroirs, dont deux simulés forment abattant, en bois de citronnier et acajou, à filets de cuivre. Dessus de marbre de couleur. Époque Louis XVI.

360 — Table Louis XVI en marqueterie de bois de rose et palissandre. Dessus de marbre à galerie de cuivre.

361 — Paire de petites tables-supports en acajou, à quatre pieds, ornés de bronze doré. Dessus en porcelaine et en marbre. Style Louis XVI.

362 — Bureau à cylindre bonheur-du-jour en acajou, richement orné de bronzes dorés. Dessus de marbre, à galerie de cuivre ajouré. Style Louis XVI.

363 — Petite armoire à deux portes en marqueterie de bois, ornée de bronzes.

364 — Trois fauteuils cannés en bois laqué. Genre chinois.

365 — Vitrine en marqueterie de bois de rose, à deux portes vitrées et un tiroir.

366 — Piano droit en acajou.

367 — Petit coffre-fort.

368 — Petit miroir à coiffer en acajou, avec tiroir.

369 — Fauteuil à haut dossier en noyer sculpté, recouvert d'ancienne tapisserie Louis XIII.

370 — Fauteuil à haut dossier en noyer sculpté, style Louis XIII, recouvert de tapisserie au point.

371 — Fauteuil Louis XIII en bois tors, couvert de tapisserie au point.

372 — Six chaises de salle à manger en noyer sculpté, style Renaissance, recouvertes de tapisserie au point et velours rouge.

373 — Meubles courants.

www.ingramcontent.com/pod-product-compliance
Ingram Content Group UK Ltd.
Pitfield, Milton Keynes, MK11 3LW, UK
UKHW031943260826
14628UKWH00004B/1812

9 782329 532462